하얀 독백

하얀 독백

김계식 시집 21

신아출판사

시인의 말

"거짓말로 참말하기"를 낙으로 삼는 사람
"지는 것이 이기는 것"이라는 무기를 얻은 사람으로
날개를 단 겁 없는 돈키호테가 되었고

"시로 밥 먹고 살지도 못하는 것"이란 설파에
더 높은 열을 올리며
"모자라도 넘쳐나는" 언어예술의 선두주자인
시인의 명분을 얻었기에
이렇게 "마음대로 써"도 좋은 시를 묶어 세상에
내어놓으니
편하신 마음으로
제 시의 마당에 오셔서 놀다 가시기 바랍니다.

(※ 인용한 부분 : 시인 유안진님의 말씀)

2017년 5월
종남산 자락에서
瀛州 김계식

차례

시인의 말

1부 마음 밭에 솟는 물길

샛별 12
열매 13
호두 14
입춘 맞이 15
봄 맞는 시심 16
산 벚(2) 17
빛 보는 날 18
마음 밭에 솟는 물길 20
이슬에 젖은 묵도 22
여유 23
봉래구곡蓬萊九曲 24
향일암 유감有感 26
완도수목원 28
충만 30
상황 31
마음에 피운 꽃 32

2부 정의 보고

36 그 작디작은 것이
37 통通
38 홀로 일어서기
39 내 편인 세월
40 비에 젖은 비통
42 하얀 독백
44 합배미
46 조우遭遇
48 순응
50 내 이름은 소년
51 소재素材
52 간지러운 미골尾骨
54 정의 보고寶庫
56 지름길
58 그런 거였지
60 배꼽

3부 아픔이 엮은 역사

가시 62
그런 것이었구나 63
내 알지 64
아픔이 엮은 역사 66
가로등 67
내 그럴 줄 알았어 68
추락 70
제 모습 그려보다 71
자벌레 72
크기가 달랐다 73
누명陋名 74
하마터면 76
침묵으로 읽는 짠한 세상 77
마음 밭에 그린 그림 78
원죄를 안긴 자에게 80
기록 유산 81

4부 은행 마음에 품다

84 꽃새벽
85 점수 매기기
86 합리화
88 열매 빚기
89 갈증
90 맹그로브의 날개
92 섬광 붙잡아
93 밝음의 씨알
94 필수품
95 삼정三正
96 삶 가다듬기
98 되어가는 중
99 은행 마음에 품다
100 꿈의 날개
101 익힘
102 자정自淨

5부 꿈의 궁전

미루어보기 104
더 바랄 것 없는 105
기약 106
월동준비 108
베풀고 싶음에 109
울 110
응집 112
궤적 113
다시 솥을 더듬고 114
꿈의 궁전 116
되새겨보는 영주瀛州 118
거울 120
갈기 122
생멸전변生滅轉變 123
타의와 자의 124
지존至尊 126

덧붙이는 글 130

1부

마음 밭에 솟는 물길

샛별

우물 복판에 내려앉은 별
또록또록 익은
말간 새벽

우리 어머니
물동이에 고스란히 담아 오신
정화수 속 새벽별

출렁이는 별빛으로 곱게 풀린 채
내 심신 파고 들면

나는
어머님의 샛별로
더 높이 하늘에 오르지.

열매

하늘을 새까맣게 덮은 철새들의 군무
더 들어설 수 없을 만큼 촘촘한데도
바람보다 더 빠른 속도로 삶을 그려냄에
어느 한 곳 어긋남이 없다

연미복 입은 지휘자도 보이지 않고
천상에서 보내는 반주곡도 없이
일사불란한 장엄한 춤사위
불모를 새롭게 개척해 나갈 빛이요 희망이다

내 어찌 알랴
저 시베리아 툰드라의 날선 창공에서
날갯죽지 부러지는 시련을 참고 견디며
이 한 판을 위해 얼마나 애썼는가를

해거름 긴 그림자를 끌고 가는 발걸음
정확한 보폭을 이어가고 있는 행보임에
저 끝자락 밝은 희망이 열매 맺힐지도 모른다는
엉뚱한 생각의 복판을 딛고
하늘 우러러 어설픈 춤사위를 흉내 내고 있었다.

호두

온갖 과일들
늘어놓던 공치사가 한순간에 잠잠해졌으니
한 쪽 모퉁이에 볼품없이 자리한
희끄무레한 호두의 헛기침 때문이었다

많은 굴곡의 뇌 안에
모든 것을 품고 있음을 질서정연한 논리로 펴
모두를 압도한
지난날의 설법이 떠올라서였다

그는 오늘도
아인슈타인의 복잡한 뇌를
쩍 갈라 보일 것 같은 엄포로
모두를 제압하고 있었다.

입춘 맞이

얼부푼 땅 다독이는
늦겨울 비

칼바람 난무함에 가위눌린 나목
그 꿈 흔들어 깨우고
흙속 짙은 어둠 파고 들던
까만 씨앗 제 자리 불러 앉히니

저 남쪽 춘신 몰래 전하려
사발통문 가슴에 품은 주자들
후끈한 열기 지심과 내통한다

지금은 고요
머잖아 들려올 봄빛 여는 함성
저 땅속 수맥 타고 흐르고 있나니

눈 비비고
목청 가다듬고
보굿처럼 굳은 동면의 탈각을
준비해야 하지 않겠나.

봄 맞는 시심

북풍한설에 웅숭크린 산의 모습
그대로 품어 안은 호수
푸른 소나무 가지 위 흰 눈은 더욱 희고
처량히 울어대던 산새 소리
가파른 산 고개에 발목 잡힌 채 멈추었더니

복수초 변산바람꽃 노루귀꽃 문안 인사
샛노란 산수유 속삭이는 귓속말에
시나브로 몸 푸는 호수의 한 폭 그림

발 멈춘 흰 구름 눈 비비며
두둥실 길 떠날 채비를 하고
갖은 소리들 꺾인 울대 바로 세움에
호수 덩달아 하늘빛을 그려내는지라

에두르던 내 마음도
시심 찾아가는 길목에 접어들어
움츠린 어깨를 펴고 긴 기지개를 켠다.

산 벚(2)

나
너에게 고이 먹혀준 것

날개 없이 천 리를 날아
모악산 정상에 터 잡은 버찌

새로이 움트고 꽃 피는 날
하늘 나는 새
너는 여기 없어도

연년세세 맑게 피워내는
어미 산의 품은 정기
환히 밝혀내는 환호의 깃발로
이 자리 지켜나갈지니

보는 이 듣는 이
그려내고픈
찬연한 빛이요 우람한 함성 아니랴.

빛 보는 날

생 울타리 가 비좁고 거친 땅
심은 게 아니라 어쩌다가 생겨나서
그럴싸하게 노란 꽃도 피우고
얼추 감자 닮은 뿌리열매도 맺었지만

너무도 맛이 없어서
돼지나 먹으라고 준 것에서
어렵게 들어앉힌 이름
돼지감자

억눌린 백성
불의와 부정과 억울함 이제 더는 못 참아
깔아뭉갠 자의 양심 되찾아주겠다고
밝은 세상 열어나가는 등불 삼겠다고
훤한 대낮 촛불을 밝힌 세상 되고 보니

이눌린 성분이 많아 당뇨에 좋다고
식이섬유 성분이 많아 다이어트에 좋다고
폴리페놀 성분이 많아 암 예방 효과가 있다고
너 나 없이 불끈 들어 올린 웰빙식품
돼지감자

어느 호사가 입술에 침도 바르지 않고
남자에게는 정력제로
여자에게는 피부미용에 좋다고
한 술 더 뜬다면
이것 없이 어찌 살았을까 되돌아보게 될
돼지감자

억누름과 억눌림
감자와 돼지감자
우리 주변의 모든 갑과 을
서로의 잘잘못을 시쳇말로 퉁치면
공평한 세상 되고도 남을 것인가.

마음 밭에 솟는 물길

장수長水 물뿌랭이 길 10-18
신무산 중턱 금강의 발원지 뜬봉샘
진안鎭安 백운면 신암리
팔공산 자락 섬진강의 발원지 데미샘

한 뿌리로
금남호남정맥의 정기 키워 옴을 자랑삼는
전북의 시 쓰는 사람들
강물처럼 흘러서 꽃처럼 피어나려고
한 눈빛 한 호흡으로 찾아간 백두대간 태백고을

'태백의 광명 정기
예 솟아 민족의 젖줄
한강을 발원하다'
금대봉의 푸른 정기
검룡소 용출수로 울컥울컥 솟구치고

'낙동강 千三百里
예서부터 시작되다'
함백산 높은 기상
황지 연못 깊은 샘물로 끊임없이 이어감이
서로 힘 돋우는 한 뿌리

마음 깊은 곳에 그 의미 새겨
부단한 장강長江의 깊은 샘을 파고 있었으니
금강 섬진강 한강 낙동강에 대한
촉촉한 칭송 키워가는 부름켜 아니랴

민족의 서러운 한 말끔히 씻어내고
천만 년 세세에
읊으면 읊을수록 빛을 발하는
도도한 시의 강을 빚어낼 각오 굳히니

이틀을 하나로 이은 이 발걸음이
모든 뿌리 하나로 아우르는 물길 빚기 위해
한 삽 한 삽 파 들어가는
희망의 행보 아니랴

그저 찬연히 비추어오는
저 밝은 빛을
한 마음 한 뜻으로 가슴복판에 품어 안자
맑고 푸른 꿈을 키워가는
자랑스러운 전북의 시인들이여.

이슬에 젖은 묵도

바늘이파리 끝자락마다
밤새 꿰찬 영롱한 아침이슬
넋 놓고 있다가 거저 받은 은혜 같으랴

세상 환히 여는 햇빛 받아
사방팔방 흩뿌리는
찬란한 빛의 파노라마

네 뾰쪽함이
더 크게 되돌려주기 위한 준비였음을
내 어찌 알았으랴

너로 하여
제 몸 쓰리게 찢겼던 바람자락
저 만큼 물러가다가 되돌린 눈빛으로
화해의 손길을 내밀고 있음에

남이 쉬 읽을 수 없는 속마음으로
너의 기원을 되짚어본
맑은 묵도.

여유

양지쪽
도둑고양이 한 마리

나른한 햇볕을 포식했는지

실눈 감은 채
그르렁그르렁
제 삶을 한바탕 미영 잣고 있다.

봉래구곡蓬萊九曲

오늘은 영주瀛州*가
제 벗 찾아나서는 길
방장方丈*은 방장인지라 저만큼 미뤄두고
봉래蓬萊* 골짜기를 깊숙이 파고든다

짙푸른 5월의 싱그러움
그 어디에 비기랴마는
〈봉래구곡蓬萊九曲〉 맑은 물이
그 고운 소리로 어깨 겨룸 하자는구나

구시둠벙 대소폭포 구곡九曲 중에 1곡이요
실상용추實相龍湫 소沼를 빚는 직소폭포 2곡이라
문옥담, 선녀탕 3곡 4곡 맑은 물에 세속世俗을 씻어내고
제5곡 봉래곡에 다다르니
너른 바윗돌에 '蓬萊九曲' 새겼구나

월명암 고운 자태 그림자로 비추이는
그림자 못 영지影池가 6곡이요
금강소金剛沼 언뜻 지나 제8곡 백천百川에 다다르니
내변산內邊山의 고운 정경 한 아름씩 품에 안은
모든 계곡물이 이곳에 모였구나

마지막 계곡 암지暗池에 이르니
잠두蠶頭마을 누에들도 그 물소리 들었는지
머리를 치켜들고 깊은 잠을 깨는구나

속속들이 살찌운 두승斗升*
이제 제자리로 돌아가서
저 건너편 방장方丈에 봉래蓬萊 소식 전하며
호남삼신산湖南三神山 그리는 꿈 뿌득뿌득 키워 가리라.

* 영주瀛州 : 우리나라 3신산 중의 하나인 제주도 한라산, 호남3신산 중의 하나인 정읍 고부의 두승산, 졸자의 號.
* 방장方丈 : 우리나라 3신산 중의 하나인 지리산, 호남3신산 중의 하나인 고창 방장산.
* 봉래蓬萊 : 우리나라 3신산 중의 하나인 금강산, 호남3신산 중의 하나인 부안 변산.

향일암 유감有感

여수 돌산 금오산 끝자락
향일암에 발 멈추고
시공時空을 훌쩍 넘은 마음으로
그날 그곳의 처음을 그려본다

저 먼 곳 수평선 세상 밝힐 붉은 해
불끈 솟아오르는 호呼에
원통보전 부처님의 반개한 눈빛 응應의
합일

그 위대한 모습에
한뜻으로 숨결 멈춘 우람한 바윗돌들
해를 향한 모양대로
짙게 굳었을 것

흐른 세월을
동백꽃은 통꽃 떨어짐으로 작게 헤어나가고
동박새는 짙은 울음으로 굵은 획을 그어
연륜을 포개어 이루었을 오늘

수평선이 있고 해가 있고
부처님 자비심이 이어지는 한

어찌 바윗돌 동쪽 바라보다 멈춘 몸짓
바꿀 수 있으랴.

완도수목원

재 너머 숯골 가난한 백성들
외줄기 번득이는 눈빛에
오들오들 떨던 메마른 수목들

저 깊고 낮은 땅
이곳저곳 몰래몰래
잎눈 꽃눈 감추어 명 붙였더니

어둠에 볕 들고
앙상한 삶에 살 오르기 시작한 뭇 백성들
고개 들고 허리 펴
속죄의 길 찾아들었음에

우하니 자라기 시작한 새 생명에
이곳저곳 고이 옮겨온 온갖 나무들
된비알이며 골짜기며
빈 곳 하나 없이 짙은 숲 이루어 냈으니
이곳은 완도수목원

풀 한 포기 나무 한 그루마다
살아온 이력 화려하고
엮인 역사 찬연하며

덤으로 주는 베풂 차고 넘쳐났네

그대 더불어
싱그러운 삶 살아가리니

세세연년 무성하여
아픔으로 엮은 사연 증언하며
이 민족의 착한 심성
온 세상에 흩뿌리소.

충만

지천이어서 더 고운 은행잎
우수수 떨어지는 지는 잎 바라봄보다
함성으로 뒤따르는
자동차 뒤쪽의 군무가 더 장관이다

잔잔한 대화 나누던 두 시인
지그시 감은 눈 아래쪽으로
시심의 새싹이 돋고 도도록이 봉오리가 맺힌
향기 속에 빠져든다

차는 고운 선율 귀담으며
익힌 관성으로 제 길을 가고
줄달음하던 낙엽들은 새로운 장편長篇을 쓰려고
골목 어귀에서 모의를 한다

지나간 여름이나 다가올 겨울쯤은 까맣게 잊은
가을 복판은
낮은 땅에서 저 높은 하늘에 이르기까지
고운 빛깔의 함성으로 그득 채운 포만을
만끽하고 있었다.

상황

어둠 장막의 겨드랑이 파고드는
갈림길에서
버팀과 달려감의 줄다리기

승자는 벌써
패자의 잔해를 뒤적이며
염소 똥만 한 설익은 열매마저
주워 먹고

조간신문의 열일곱 째 면
끝자락
너덜정처럼 간헐적으로 깔딱이는 목숨까지
이 사이에서 빼내고 있었다

별은 하나로 빛나고
해와 달 익사한 바닷물 위에
제 하반신의 풍만을 비추어보며
길게 늘인 자족

아침 같은 것
밝음 같은 것
그것은 어디에서도 찾아볼 수 없는
칠흑이었다.

마음에 피운 꽃

우르르 한 곳으로 몰려간 자리
볼그레한 복사꽃 피고
까르르 웃음 편 뒷자락으론
하얀 배꽃 피고

끝내 한 곳에 주저앉아 마음 펴는 곳
흐드러진 벚꽃 연분홍 진달래
우뚝우뚝 만남의 증거로 피어나는 꽃
자신마저 곱게 핀 한 송이 꽃이더니

그늘 진 한 모서리
어울렸으면 더 좋았을 아쉬움 떠오르고
이 정취 오래도록 담아두고 싶음에
정겨운 임 살며시 불러
같은 곳 같은 방향 되짚는 발길

속 깊음 헤아려주길 바람 아니라
새긴 흐뭇함 갈무리하는 길이요
우리들 마음 한복판에
꽃밭 가꾸는 일

나 어디에도 없고

나 어디에나 있음에
온 세상이 온통 꽃이다.

2부

정의 보고

그 작디작은 것이

'내 마음의 빛이 되고만 너'라고
서운한 마음 담은
단문의 엽서를 보냈더니

얼마 되지 않아
기쁨 흠뻑 젖은 엽서가 날아왔다

'제가 당신의 빛이라니요
감사하고 감사할 뿐입니다'

엽서 쓰다가 펜을 놓친 것이
'빚'을 '빛'으로 만들고 만 사실
꿈에도 알지 못하고 보냈던 것

길이도 면적도 없는 그 점(·)이
천지인天地人 삼재 중 하늘이더니
끝내 제 위력을 발하였구나

점(·) 하나
너와 나 사이의 꼬인 관계를 풀어
더 좋은 인연으로 굳었으니
두고두고 되뇌어도 좋을 이야깃거리다.

통通

튼실하게 자란 가지 한 알
막 땅바닥에 닿을락 말락

물끄러미 바라보다가
제일 아래쪽 이파리 하나 똑 따서
가지 밑에 깔아주었습니다

왜 그랬는지
자식 키운 이는 다 알 것 같아

혼자서 빙그레 웃었습니다.

홀로 일어서기

크신 이
어서 이 뜻 받지 못하겠느냐는
꾸지람에
흘낏 뒤돌아보는 눈길

늘 내 편이었던 그 사람
벌써 크신 이와 내통하고
더 강하게 채근하라
눈짓 보내고 있었으니

손사래 치며 밀치던 일
해내고 말겠다는 오기 발동하여
덥석 끌어안고
손등으로 눈가 쓱 문지르는 앙바틈한 몸짓

희미하게 보이는 듯하고 들리는 듯한
저 먼 곳의 빛과 소리
기어코 내 것 내고 말겠다는 속다짐
자신을 부여잡고
홀로 일어서야만 하였다.

내 편인 세월

반달

당신은 스무사흘 달이라고
기죽어 하지만
나는 당신이 초여드레 달이라고
희망 넘치는 모습으로 보고 싶습니다

실눈썹 그믐달로 이운다 해도
또 새로운 꿈을 안고 태어날
초승달을 품었을 터이니
조금도 염려하지 말아요

오늘의 시련을 겪은 축적은
튼실한 내일을 빚을 준비일지니
우리 그냥
말간 눈빛으로 서로를 바라봅시다

세월은
한 번도 우리를 속인 적이 없지 않아요.

비에 젖은 비통

제비 처마 밑으로 낮게 날고
삼십 리 밖 기적소리 가까이 들리면
어머님은 벌써
호흡 한복판에 그득 삭신이 아렸지

막상 빗줄기 굵게 쏟아지면
보이지도 않는 먼 산 쪽에 눈길 주셨지만
어머니 감정이 어떻게 바뀌는지
관심도 없었던 지난날의 불효

오늘처럼
장마가 온다는 소식이 전해졌을 때
우리 어머니
염천에 콩밭 매시던 등의 굽은 각도와
갖은 집안일 고개에 이셨던 목뼈의 짓눌림이
이제야 느껴진다

서른세 마디 척추의 추간 좁혀진 가운데
철 핀 박은 요추 덧나서 다시 수술한 아내
물끄러미 바라보며
후회 짙게 되새기고 있으니

어머니
이 자식의 불효
작달비로 씻어주시옵소서.

하얀 독백

네 앞에 서면
꼼지락대던 촉수는
돋아난 위치보다 더 깊숙이 묻히고
모든 감정을 돌돌 만 한 덩이 돌이 된다

차라리 무색무취로
스쳐지나가는 한 줄기 물이었으면 좋으련만
한 자리 붙박은 채
겉 보이지 않는 흡입판으로 너를 빨아들이고 있다

얼마 지나지 않아
주체와 객체가 바뀜을 느껴야 하였고
그저 주는 것만을 넙죽넙죽 받아먹는
포로가 되어있는 자신을 깨닫게 되지만

어쩐지 그게 좋아서
아니 그것을 바라서
눈 밝을 때 사지 성할 때 네 옆을 맴돌며
일방통행의 충전을 이어가는 것이다

네 두꺼운 응집에 금이 가고
속 깊이 이글대는 정열을 엿볼 수 있는 날

거기 내 마음
한 알의 사리로 굳어있음을 발견할 수 있다면
더 바랄 게 무엇 있으랴

내리치는 벽력霹靂에 돌덩이 쩍 갈라져
감춘 속 드러날까 보아
어둠 속으로 자신을 감추었지만
또 한 줄의 나이테 짙게 새겨졌음에
아무도 들을 수 없는 독백을 되뇌고 있다.

합배미*

분신의 수술을
화상畫像으로 지켜본다

마취도 하지 않은 마음
예리한 매스로 회치는 난도질

상황 보이지 않을 때
뇌리를 파먹고 들어오던 아픔

눈으로 지켜보는 게
덜 아플까
마음으로 그려보는 게
덜 아플까

꼭 끌어안고
둘의 건강을 하나로 합배미 친 뒤
수평을 이룬 마음으로
올리는 기도

이 다음
우리 둘의 것 하나로 보태었을 때
여생 걱정 없이 살아갈 크기의

튼실한 건강이기를........

* 합배미 : 두 배미를 하나로 합쳐 하나로 만드는 일.
* 배미 : 논두렁으로 둘러싸인 논의 하나하나의 구역.

조우遭遇

동트기 직전
막바지로 몰린 짙은 어둠
삶의 비수로 가른 틈새를 비집고

짠한 아픔의 응집
내보임 없이
승강기 출입구 자동센서보다 빨리
정성만 들이민 눈 까만 신문배달 아줌마

내민 건
온 세상 새로움의 따끈한 소식일 뿐
어느 한 자락에도
자신은 묻어 있지 않았다

어렵사리 불러 세우고
손안에 꼭 쥐어주는 작은 정 한 점
손톱만큼의 빛이 되어
앞길 밝힐 수 있다면 오죽 좋으랴마는

남기고 간 순간의 눈길 멈춤
내 마음 밭
깊은 곳에 머문

아픔 씻어내는 빛이 되고 말았으니

오늘 새벽 이 아름다운
조우
줌보다 더 크게 받은
한 줄기 밝음이었다.

순응(2)

탄자니아 세렝게티 대평원엔
많은 초식동물과
적은 육식동물이 섞여 산다

노천명의 사슴보다 더 순한 임팔라
떼 지어 초원을 향해 달릴 때
굶주린 사자 무리
어린 새끼나 힘 빠진 병약자를 노린다

어쩔 수 없음을 인지한 순간
늙었지만
아직은 생명 아까운 줄 아는
임팔라 한 마리

타의를 넘어선 순간의 자의로
무리들 달려가는 속도보다
조금 더 천천히 제 몸을 던져

자기 종족을 지켜내는 장한 희생
순혈의 전통으로 이으며
포식자의 자만을
소리 없이 비웃는다

승자도 패자도 따로 없는
대자연에의 순응
더 무슨 부연이 필요하랴.

내 이름은 소년

연륜으로 치장한 성과 항렬자의 이름은
한 순간에 고유명사의 허울을 벗어던지고
소녀가 되고 소년이 되어
저 마음 깊숙한 곳까지 진한 '소나기'*에 젖었다

조약돌을 만지작거리고 비단조개를 눈 그리며
징검다리 위 조심스레 건너던 발걸음을
팔짝팔짝 뛰는 얼얼한 가슴으로 바꾸었고
목 꼭 끌어안는 가까움보다 더 큰 용기를 빚었다

얼룩 묻은 옷차림 그대로 묻어달라는 유언은
끝내 마음 깊숙이 짠한 비문으로 남았지만
험한 세상 살다 녹슨 마음 씻어내는 방편이요
저 순수한 사랑의 뒤안길을 찾아가는 지름길이 되었다

너 나 없이
맑은 사랑에 젖은 소년으로 소녀로 재생했으니
이보다 더 흐뭇한 기쁨이
또 어디 있겠는가.

* 소나기: 황순원의 단편소설

소재素材

순수 여림 무력
새로이 빚어지기를 바라는 원형질의 반죽

지닌 무게 모두 맡겨버린 무중력으로
보임도 들림도 말하고 싶음도
다 접어버리고
그저 받아쓰기를 준비한 하얀 백지장

고스란히 껴안고
이보다 더 귀한 보물 어디 있으랴
다독이고 어루만져
하나하나 접어둔 망각을 재정립하며
새로운 싹의 촉수를 심어나가는 조심스런 행보

찬연히 빛날 새로운 탄생임을
보이고 들려주고 안겨주는 이 기도로
가슴복판에 희망의 꿈 아로새김이
어찌 이루어지지 않으랴하는 자신감

온 세상 어지러운 질서가
그 꿈을 위하여 정연히 정립하는 옹위
가슴 뿌듯이 다가옴을 감지하는
어디에도 비길 수 없는 기쁨에 젖었다.

간지러운 미골尾骨

짐승들의 꼬리
그 변화를 어찌 다 알 수 있으랴마는

강아지 꼬리가 그려내는
감정의 표현은 내 알지

반갑고 두렵고 기죽고 성나고
얼굴 표정보다
훨씬 더 분명한 감정 표현의 상징

고양이 꼬리 싹둑 자른 날부터
바깥 고양이 무리에 섞이지 못하여
집 고양이가 된다고 믿는
우매로

인간은 꼬리 없어져버린 자리
미골尾骨을 어루만지며
오늘도 제 위장僞裝에 날을 세운다

감추지 못하는
감정 표현의 꼬리
달고 살아야하는 세상이었다면

조금은 밝은 세상이 되었을까

거울 앞에 서서
참과 거짓의 얼굴빛 바뀜 따라
더 빠르게
꼬리 모양을 지어 본다.

정의 보고寶庫

내 소유 중에는
고유명사로 굳어버린 '구석밭'이 있다

어머니 보고 싶어서
삼십 리 고향 길 줄달음친 중 · 고등학교 시절
매주 반공일 해거름

까슬까슬한 성장통 지나간
미끈한 몸매의 물외(오이)
울타리 타고 오르며 잎사귀에 몸 가린 채
놀짱하게 익은 개똥참외
꼬투리에 매달린 마른 꽃잎 막 떨치고 난
싱그러운 풋내 안고 있는 동부
독기 내려놓고 토실하게 살 오른 가지
스위스 병정마냥 줄지어 서서
씨 익혀가는 단수수에 이르기까지

굴풋한 아들을 맞기 위해
고스란히 담고 있는 정의 보물 창고

언제인지 모르게
그 구석진 밭 간 곳 없다하였더니

내 마음 복판에 들어와 앉아
한 해 두 해 제 지경을 넓혔고

잎으로 줄기로 열매로 그득 채웠으니
'어머니'와 '구석밭'
이음동의어異音同義語로 깊게 뿌리내리고 있음을
오늘 석양에야
그 의미 새겨 알았네.

지름길

가위 바위 보 놀이가 한창이다가
끝내 둘만 남은 경쟁자
철수와 순이

영희가 심판을 본다

“주먹 없는 가위 바위 보”
가위 낸 순이가 이겼다

“가위 없는 가위 바위 보”
보를 낸 순이가 이겼다

“보 없는 가위 바위 보”
주먹 낸 순이가 이겼다

철수가
가위가 보를 이기고
보가 주먹을 이기고
주먹이 가위를 이김을 계산하고 있을 때

순이는
원수 같은 주먹이 없어졌으니

가위를
미움 덩어리 가위가 없어졌으니
보를
귀찮게 한 보가 없어졌으니
주먹을
그리하여 쉽게 이길 수 있었던 것.

그런 거였지

대숲 바람
쓱쓱 날을 세우던 한 겨울
매서운 고뿔에 걸려 쌕쌕 앓아 누웠을 때

앞질러 수심에 싸인 어머니는
갖은 단방 약을 챙기다가
끝내 한의원으로 줄달음치셨고

조왕신 삼시랑(삼신) 부처님을 입에 다시고
그저 이 아들놈만 낫게 해주시면
무엇이든 다 하겠노라고
무릎이 삭도록 빌고 계셨다

놓치고 산 세월이 길어진 지금
으스대던 건강을 잡아 눕힌 감기 몸살은
펄펄 끓는 머리 짚어주시던 까칠한 손길과
눈곱 낀 두 눈을
껄끄러운 듯 보드라운 혀로 닦아내신 그 촉감

끝내 하나님께 귀의하시어
'지금까지 지내온 것 주의 크신 은혜라.'*
조용조용 불러주시던 찬송가

맞아
이렇게 몸 부려 누운 건 순전히
어머님 그리워하는 마음
짙게 떠올린 몸부림일 거야

어머니 그렇지요.

* 찬송가 301장

배꼽

이 태생胎生의 증표

꼬리 달린 부연도 필요 없고 (,)
갈고리로의 의심도 할 것 없으며 (?)
감동까지도 바라지 않는 (!)
똑 부러진 종결 (.)

시원始原인 제 어머니
잊지 말라는 표시겠지.

3부

아픔이 엮은 역사

가시

까칠까칠한 너를 만나면
솔직담백하여 좋다

좋은 척 웃지 않고
매끄러운 언사로 놀리지 않아 좋다

우리의 옛 것
본연인 듯하여 좋다

살짝 찔려도
크게 아파서 좋다.

그런 것이었구나

하루살이 새끼 한 마리
나만의 공간을 휘저으며
비행하고 있다

두 손바닥을 마주 쳐
때려잡았는데
아무런 흔적이 없다

두어라
제가 잡히지 않았어도
귀청 떨어지고 간 떨어졌을 터

번쩍 어둠을 쩍 가르며 다가서는
번개 불빛
오싹 오금 저린 판에
우르르 쾅 지축을 울리는 우렛소리

그런 것이었구나
그놈이 바로 내가 된 것이었구나
무슨 의미인지 자신도 모른 채
두 손 모아 싹싹 빌고 있다.

내 알지

붙박이 되고 싶어
실뿌리 얼기설기 연을 맺고
줄기 낭창낭창 어깨춤 추는 춤사위로
둥그런 둥지 하나 곱게 빚었지요

한 치의 낯선 마음 일지 않도록
도심 한복판 9층 높이에서
바라보는 시선의 각을 익히고
소리의 원근을 갈래 타는 귀를 틔웠지요

문득
뇌리를 스쳐 지나가는 어휘 수구초심

내 찾아갈 곳은 벌써 스러지고 없는지라
엇비슷이 내 고향 닮은 곳 물색하다가
지도 위의 경계선을 훌쩍 넘어
심신 부릴 곳을 찾게 되었지요

그런데요
구름도 거침없이 넘나드는 그 문턱
나에겐 어찌도 그리 높고 험한 고비인지
구만 리 장천을 헤매기만 합니다

한번 가면
이제 더는 움직일 수 없다는 빤함이
아픔으로 턱턱 발에 걸리기 때문이라는 걸
잘 알고 있기는 하지만요.

아픔이 엮은 역사

들개들이
컹컹 물고 다니다가

팽개쳐버린 하얀 달이

희끄무레하게
동산 나뭇가지에 걸려

쌕쌕 앓고 있다

가로등

한파 몰아치는 쓸쓸한 골목
외로이 서 있는 가로등
두터운 어둠 어렵사리 밀치고
제 작은 불빛 동그랗게 들이밀고 있다

밝힌 불빛마저 뻗어가지 못하고
어둠 속에 뚝뚝 파편으로 떨어지고
별빛 우러른 시야마저 흐려
속 품은 회오만 앙금으로 여문다

빛 한참 모자라던 시절
노랫소리 속에 구성지게 담겼던
시구詩句 속에 운치 자아내던
그 때 그 시절의 내 모습이 마냥 그립다.

내 그럴 줄 알았어

흰 눈이 펑펑 쏟아집니다

눈앞에 내리기 시작하더니
끝내
마음 밭에도 펑펑 쏟아집니다

가로등 불빛 속에 나를 세워두고
먼 먼 추억 속으로 달려가는
나를
그대로 둡니다

그날로 멈추어 선 채
기다리고 있을
그대의 차가운 손 붙잡고
설원을 달려갑니다

숱하게 마음속으로 반복했던 일
하나하나 재연함에
만끽하는 행복

그러나 그건
하늘 우러르다가 하늘 우러르다가

눈 꼭 감은
하얀 어둠 속의 상념일 뿐

홀로 서 있는 나를 챙겨들고
오던 발걸음 서두르는
이 무거운 행보
아무도 읽어주지 않았습니다.

추락

스포트라이트를 한 몸에 받던
무대 복판의 주인공에겐
그림자가 없었지

호곡처럼 들려오는 귀뚜리 울음소리
하나 둘 사그라지는 조명마저
긴 그림자를 드리우는 시간
퇴장의 남은 발걸음만 서럽게 무겁다

질근질근 짓씹는 저작咀嚼에 내맡긴 몸
지난날의 화려함은 오히려 비통일 뿐
어디에도 숨어들 구멍은 없고

추락은
높이 오름에 정비례한 아픔을 안긴다는 것
그마저 헤아릴 겨를이 없는
아무것도 손에 잡히는 게 없는 공허

이제 더 써넣어야 할 여백도 필요 없는
묘비 하나
된비알 모서리에 세워야 할
그 마지막 순간이 온 것이다.

제 모습 그려보다

고창 심원 만돌갯벌체험장 해변에
무리들 따라가지 못하고
외로이 서 있는 소나무 한 그루

믿음의 굵은 뿌리 앙상하게 드러낸 채
가느다란 뿌리 몇 가닥
단단한 돌 틈에 어렵게 끼워 넣고
바닷바람에 쌕쌕 앓는 숨 쉬고 있는 몰골

서러운 삶 살아 무엇 하랴 하면서도
그건 한 순간
거친 바람에 지랴 짠 바닷물에 지랴
질기게 목숨 지키고 서 있는 너의 묵언수행

제 삶 끌고 온 노인네들 몇
먼 바다 끝자락 아스라이 바라보며
소나무 옆에 까칠하게 서있다.

자벌레

길이를 잰다

꽁무니에 먹줄이라도 매었으면
어설픈 흔적이라도 남기련만
하늘 땅 크기쯤 아랑곳없이
그냥 길이를 잰다

저 혼자서 기억하는 숫자만큼
지나온 세월은 똑똑 여물고

여생은
몸뚱이에 짙은 무늬로 익어
붙잡은 나뭇가지 색깔로의 변신이면
족한 것

숙명의 길이는
늘
머리에서 발끝까지의 거리일 뿐이다.

크기가 달랐다

얕잡아본 요凹의 오목함이
오늘 따라 무한함을 품어 담을 수 있는
무저갱의 심연인 것

으스대던 철凸의 모양새로
그럴싸하게 내세운 오만불손쯤
무한히 쓸어 담아도
눈도 깜짝하지 않았다

회광반조의 흩뿌리는 빛으로나마 자위하며
어둠의 모퉁이를 돌아
대장간의 도가니 속 파고드는
한 덩어리 쇠뭉치

凹에 어울리는 凸의 크기로
되 빚어지는 꿈
빚어야 할까보다.

누명陋名

쉰 네 해 전
저의 품안에 고이 안겨 준
시심詩心의 씨앗 한 톨
속 품어 이리저리 끌고만 다니다가
마흔 해도 지난 뒤 어렵사리 싹 틔웠다

시집 『하나』
소녀素女와 주인공과의 열렬한 사랑이야기
스승님을 끝내 연애쟁이로 만들어
〈주홍 글씨〉의 붉은 A자보다 더 짙게
이마 한 복판에 불도장(烙印)을 찍었다

반백년도 훨씬 더 지난 오늘날에도
곱게 그려내는 시인들의 정인情人을
온통 실제 인물로 보는 이 허다한데
그 때 그 시절엔 오죽 했을까

귀 닳은 시집
『하나』*를 되짚어 읽으며
짙게 밴 누명의 얼룩을 지우고 있다

못난 이 제자

좀 더 나은 시인이 되었더라면
스승님도 편히 잠드셨을 터인데

모두가 다
하나같이 부족한 이놈 때문인 것만 같아
움츠린 자세로 낮은 숨을 쉬고 있다.

* 하나 : 시인 김병수님의 시집.

하마터면

나뭇가지 색으로 변장한
뱀 한 마리
푸른 나뭇잎 위에 쪼그리고 앉은
청개구리를 본다

여린 숨 깔딱이고 있는 숫자를
눈 껌벅임으로 따라 세다가
하와에게 원죄를 안긴 회오가 어른거려
그냥 땅으로 미끄러져 내려왔다

먹은 셈 쳤다.

침묵으로 읽는 짠한 세상

보폭 좁은 잰걸음으로
보폭 너른 느린 발걸음으로
저미는 시간
붙잡힌 침묵은 같은 크기다

고통의 숨결처럼
간간이 들리는 바람 앓는 소리
간격 고르면 노래가 될까
듣는 사람에겐 놓친 세월이 서럽다

하늘 끝자락에
바다 조각 물고 와 파닥이는
작은 새 한 마리
어깻죽지 틈새로 어깆거리는 비명

나목은 가지 끝으로
바람 흩뿌려 응답해도

세상은 그저 짠하다.

마음 밭에 그린 그림

백스물네 명의 시복식을 위해
방한한 프란치스코 교황
보드라운 미소로 녹인 내 마음 밭에
그려지는 그림 몇 폭

바티칸 궁에서 맞은
성탄 전야
환호에 휩싸인 가슴 울렁임은
어렴풋한데

저 베니스
두칼레 궁전과 형무소를 잇는
탄식의 다리 바라보며
떠올렸던 가족 사이의 생사 별리

산마르코 광장 관광객의 어깨에 내려앉는
그 수많은 비둘기 떼
평화의 메시지 전하는
눈 맑은 전령사일까 일던 회의懷疑

짠한 그림 되어 떠오른다.

– 그냥 좋지 않은 그림 다 지우시고
사랑과 평화 그득한 그림만
이 땅 가득 채워주소서.

원죄를 안긴 자에게

꿈꾸었던 곡식 심고 과실나무 심고 싶어서
가진 것 톡톡 털어 밭 한 필지 샀답니다
아직 모든 게 미지요 미숙인지라
온갖 씨앗 뿌리고 묘목 정성들여 심은 뒤에
촉촉한 물기 따뜻한 햇볕 바람 잘 들게 하고
때맞추어 거름 주면 잘 자랄 줄로 믿었지요
세상 만난 듯 온갖 풀과 나무 싱싱히 자라는지라
한바탕 으스대며 고개 치켜들고 거리를 활보하니
정말 잘 했다고 추켜세우는 이 침 마르게 칭찬했지요
잡초 키우는 일이요 가라지 맺는 일로
개똥참외 개살구 고욤열매 맺음임을 어찌 알았겠어요
북돋우기 솎아내기 순 집기 가지치기 꽃가루받이
열매솎기 봉지 씌우기 햇볕 되비추기 부단한 정성 쏟아야
잎채소 뿌리채소 열매채소 갖은 과일 제대로 큰다는 것
뒤늦게 알았지만
거짓 칭찬에 이미 못된 습성 굳어버린 표본실의 박제되
어버린지라
어느 때 어느 곳에서도 고개 들 수 없는 시인으로 소설가
로 수필가로
어찌 살아갈 수 있단 말입니까
이는 순전히 비위 살살 맞춘 야바위꾼의 술책 때문임이니
그를 어찌 원죄자라 단언하지 않을 수 있으리오.

기록 유산

낙엽에
자세히 써놓은 역사를 본다

잎으로 나무로
살아온 제 삶의 발자취
어찌 그것 만이랴

바람에 실려 온
세상의 작은 속삭임까지
기록한 것

낙엽의 노래를 들어본다.

4부

은행 마음에 품다

꽃새벽

날카로운 바늘 끝으로
수십 년을 고이 갈무리한 정성의 정수리를
콕 찔러 내뵈는 선혈 한 방울

정적 속에
제 상념 곱게 피워낸 꽃

첫새벽마다
하루를 피워낼 수 있음에

감사가 솟습니다.

점수 매기기

어느 한 곳에도 구김살 없는
온전한 동그라미 하나 그리기 위해

아픔의 강 서러이 건너고
평상심의 무던한 평지를 지나고
편안한 곳에서 안도의 숨을 쉬는
끊임없는 발걸음

범접 못할 원주 안에 들어앉아
살아온 삶을 갈래 타
내 곳간에 갈무리하는 익은 손놀림
그리고 거기에 담기는 내 마음

오늘도 나는
스스로 매기는 평점에
얼굴빛의 각도를 짚는다.

합리화

검푸른 바다
치열한 싸움 속
독선과 굴종의 틈새를 넘나들며
빨판과 유연으로 지탱해온 끈질긴 생명

한순간에 밀어닥친
목숨줄 놓아야하는 상황을 맞아
펄펄 끓는 물쯤 눈 딱 감고
필살의 품은 독기 풀어놓는 낙지

'하나님이그들에게복을주시며하나님이그들에게이르시되생육하고번성하여땅에충만하라,땅을정복하라,바다의물고기와하늘의새와땅에움직이는모든생물을다스리라하시니라."

몇 번 반복하여 읽는 성경구절로
어렵사리 그 독기 닦아내고
네 우직을 통째 내 것 삼을 수 있었으니

너는 그저
하나님 형상 닮은 사람의
다스림을

받았을 뿐이니라.

* 창세기 1장 28절.

열매 빚기

포장이사 하는 날

날렵하게 짐 나르던 젊은이 둘
짐 덩어리 하나를 마주 들고
조심조심 끙끙거리더란다

왜 그러느냐고 물으니
대답대신 중얼거리는 말
'세상에 〈곰국〉 끓여가지고 이사 가다니'

그렇게 조심하지 않아도 된다고 했더니
넘치면 우리 책임이라며 난감해 하기에
넘치기는 왜 넘치느냐
그 〈논문〉이 중요해서 거기 써놓았을 뿐인데

뇌리에 스쳐지나가는 옛 이야기
백년대계를 세울 줄 모르는 문교부 직원들
달고 다니는 무궁화 문양 속 〈문〉자를
너 나 없이 〈곰〉자로 비아냥거려
아예 〈文〉자로 바꾸어 달았다나 어쨌다나.

갈증

쫓기다가
물속에 뛰어들어
풀 대롱으로 숨을 잇는 듯이

세상을 살아감이
오직 빠끔히 뜬 눈빛에 매이고 보니
다래끼에 담기는 것 하나도 없이
그저 사념만 깊다

달관한 물고기 입짓으로
이리저리 미끼를 건들이면서
입안에 들어오지 않음과 낚시꾼의 허탕을
통째 상쇄하고
죄 없는 수평선만 흩트리고 있는 행보

오늘따라
하늘빛과 바다 빛을 구분하지 않고
그냥 푸르다고 한 것이
참으로 적절하다는 생각.

맹그로브의 날개

오늘을 용감하게 살아가는 한강韓江*은
주인공 영혜*를 통해
스스로 한 그루의 나무가 되어갔지만

반세기 전 그 시절에야
어찌 겉으로 드러내고 저를 내보일 수 있었던가
남 몰래 짙은 밤으로나 어루만지며
속사랑 담았던 맹그로브mangrove

갖은 풍상 겪으며 안쓰럽게 자란 그 모습
차마 다른 이세二世들과 견주지도 못하고
울먹울먹 흐린 눈빛으로 바라보았더니

언제인지 모르게
험한 역류쯤 아랑곳없이
열 배 스무 배 겉 드러낸 두터운 사랑으로
모천母川 밑바닥까지 후끈하게 빛 발하는 거목

나 이제
빛바랜 옅은 그림자
작은 가닥까지 챙겨들고
그의 날개 밑에 편안히 심신 부린다.

* 한강韓江: 소설가.
〈채식주의자〉로 2016년 5월, 맨부커 인터내셔널 상을 수상함.
* 영혜 : 소설 〈채식주의자〉에 등장하는 여주인공 이름.

섬광 붙잡아

천리의 둑도
개미구멍으로 무너진다*
는 비유는 싫습니다

칠흑 어둠
한숨에 집어삼키는 밝은 빛
그 긍정의 불씨이기를
빌고 있습니다

쿵쿵 뛰는 가슴
들킬세라
조심스런 발길 내딛습니다

종그린 귀에 담기는
한 줄기 빛
까만 마음 밭에 불 밝힙니다

도도히 흐르는 강물의
남상濫觴일 것이고
요원의 불길 번지는
시원始原일 것임을 믿습니다.

* 한비자의 유로 편 : 천리지제, 훼어의혈千里之堤, 毁於蟻穴

밝음의 씨알

천사는
가장 낮은 곳으로 내려앉아 있다는데

바로 오늘
천사의 옷깃 펄럭이는 소리를
들을 수 있었고
흔적조차 남기지 않고 걷는 발걸음을
볼 수 있었답니다

흉내라도 내보려고 애썼지만
도저히 따를 수 없어
언제 그 하나라도 내 것으로 재연하고 싶음에
부지런히 그 궤적만 필사했습니다

참 오랜만에
가슴 복판이 뻥 뚫리는 희열
혼자만이 안은 그 의미를
실한 씨알로 여기저기 곱게 묻었답니다.

필수품

침잠한 내 마음을 끌어올려
전망 좋은 곳에 편히 앉히고
세상을 다시 바라볼 수 있게 할
환한 두레박

높은 곳으로 올라가 멀리 볼 수 있게
때로는 Under + Stand할 자리로
좀 더 낮게 내려가는 발판이 될
이해의 사다리

갖은 시련 이겨내고
새로이 펼쳐질 오색찬란한 인생의 장
기쁘게 그려낼 수 있는
상상력의 색안경

저 아스라한 지평선
한눈에 담아내는 너른 안목으로
희망찬 생각을 굳게 붙잡을 수 있는
낙관의 망원경

이 네 가지
꼭 지니고 싶은 내 인생여정의 필수품.

삼정三正

깍두기는
정육면체이어야만 하는 줄 알았어

알 터거리 나간 것
균형 잃은 삼각진 것
행여 아들 먹을세라
골라 챙겨주시던 우리 어머니

곧은 성정으로 키우고 싶으신
마음이셨음을
이제 알았어

정지正知
정판正判
정행正行
외침의 한 축이 된 자신

벌써 그때부터 굳어진 게지.

삶 가다듬기

손톱물들인 봉숭아
초겨울까지
사랑 헤는 증거가 되고

손바닥 위 강아지풀
한참을 어름 당하며
간지러운 즐거움을 안기고

노란 은행잎
연정 머금은 책갈피 되어
새록새록 그리운 정 되새긴다

한여름 마당에 널려 몸피 마르다
끝내 톡톡 몸뚱이 터지는 보릿대
무더움 왜장치기까지

그러고 싶었으랴만
제 소임 위에 덤으로 얹는 짓들
때로는 본연을 넘는다는
생각 일어

조금 남은 여력과

버리기 십상인 자투리 시간
하나하나 챙기고 있다.

되어가는 중

이러다가 그냥
항성처럼 한 자리 붙박아버리는 것
아닌지 모르겠어

무리가 싫고 만남이 싫고
아니 문 밖 나감이 싫어
앉은자리 오래 앉아 뿌리내리고 있으니

동서남북의 끝
등거리等距離로 멀고 가까움이 따로 없고
애증 또한 평형을 이루어
아침저녁으로 똑 같은 낯빛

한 덩이 바윗돌이 되는 것인지
남 보기에 그럴듯한 성자가 되어가는 것인지
내 자신도 가늠할 수 없다네

아직은 이대로가 좋으니
건드리지 말고 조금만 더 기다려주게
무엇인가 되긴 될 것 같으니.

은행 마음에 품다

너는 미지
수백 년을 헤아리는 네 수명
암나무 수나무 따로 있는 자웅 이체
끝내 너의 꽃을 쉬 내보이지 않는 신비

부채모양 두툼한 이파리
색 바뀜으로 시간흐름을 점철하다가
어느 날 문득 네 동그란 열매 내뵈는
고고함도 낯 설음이지

범접을 허용치 않는 너의 독백은
길바닥에 질펀히 떨어지는
싸늘한 고독

구린내와 끈적거리는 독즙을 넘어
반들거리는 너의 고운 치장과
천년 수壽를 잉태한 너의 씨눈을
만난다는 것

은행 닮은 너를 사랑하는 나는
아무도 모를 기쁨의 은행나무를
이렇게 가슴 한복판에 심어
실하게 기르며 살고 있단다.

꿈의 날개

질긴 밤
빈 가슴에 쏟아지는 외로움
벌건 대낮에도 스멀스멀 다가서지만

떨쳐내고 떨쳐내며
이렇게 꿋꿋하게 살아감은
한 촉의 푸른 꿈
변함없이 지니고 있음이지

반복/ 재건/ 윤회/ 회생/ 부활/ 재생
얼마나 많은 되돌이표들인가

따뜻한 정 뜨거운 사랑
읽을 수 있는 눈 들을 수 있는 귀
만질 수 있는 손 담을 수 있는 마음
이렇게 튼실한데

널 그리워하는
이 행보가
어찌 낡은 헛디딤이랴.

익힘

온전히 내 것으로 붙잡고 싶음에
가슴 에는 쓰림으로
짧은 세월 길게 보내던 나날들

풍마우습 나신으로 맞으며 한들에 나앉아
달빛조차 이울어버린 어둠 속
그렇게 많은 크고 작은 별 하나하나 헤며
생의 모서리 갈아내기 그 얼마였던가

마음 바탕에 시련 쌓여 생긴 옹이
날로 여물어
무딤을 넘을 수 있는 전신갑주 되고 나니
이렇게 달관한 자 되는 것을

뒤돌아보는 눈길
훠이훠이 놓아버림으로
새로운 평안 안을 수 있는 방편 익힘에
들어서는 만남이 한결 더 값지고 값지니

굽이굽이 돌고 돌아 여기에 이른 삶
이 하나 얻기 위한
부단한 익힘이었었나 보다.

자정自淨

제 숨소리 제가 듣고 있는 정적
분명 무엇인가가 있다

미동도 없음과 반비례하여
엉뚱함을 꿈 그리고 있음이 틀림없지만
들여다 볼 조그마한 틈새도 없다

공중부양이라도 할 양 끄덕도 없이
한 곳만을 응시하는 눈빛
자신을
자신도 모르게 높이기 위한 행보였었나 보다

묵언수행의 궤적
가느다란 실금 위에서
전에 보지 못한 향기가 솔솔 풍겨온다

어림짐작도 할 수 없지만
이제부터 밖으로 나오는 모든 것
한 차원 높아질 것이라는
똑똑 여문 믿음이 눈앞에 선하다.

5부
꿈의 궁전

미루어보기

나 없는
세상을 살아갈 수 있다면
이보다 더 평온한 세상을 없을 것

선과 악이
있음과 없음이
제 의미를 새로이 정립하느라
어수선할 것이다

산이 높이를 깎아내리고
바다가 깊이를 메우며
풀과 나무가 올려다봄과 내려다봄을
뒤바꿀 것이다

어둠을 굽어 비추는 빛이
더 밝을 것이고
먼 곳의 소리가 가까운 소리보다
더 명징할 것이다

나 없으니
내 바람과는 아무런 상관도 없겠지만
하여튼 그럴 것이다.

더 바랄 것 없는

소리 한 층
빛 한 층
포갬포갬 가지런히 쌓아 올립니다

원함 섞어 만들어진
성황당 돌무더기 되지 않게
그저 맑음과 밝음으로 쌓아 올립니다

한 마디의 소리 한 촉의 밝음이면
족할 뿐
통째 제 것 삼고 싶음 아니라서
오래도록 제자리에 서 있으면 되는 탑

통째 받아주어도
하늘 바다 조금도 흐트러짐 없다면
더 바랄 게 없습니다.

기약

단풍 곱게 물 드는 계절의 틈새
촘촘한 작은 이파리
하나 둘 떨어뜨리던 이름 모를 나무
불쑥 여린 부름으로 자신을 불러 세웠다

쉬 눈에 들지도 않을
작디작은 흰 꽃 몇 송이
귀에 들릴락 말락 하얀 속삭임인지라
청맹과니마냥 눈만 껌벅여야 했다

너의 만발을 지켜보지 못한 때에
새로이 주인이 되었으니
무딘 더듬이로
어찌 너의 찬연한 삶 읽을 수 있었으랴

따뜻한 정 나누고자 찾아온 이
흔히 단정화라 부르지만
정확히는 꼭두서니과의 백정화로
유월설로도 부른다고 일러주는 훈풍

더 곱게 필 내년을 기약하듯
말 줄인 우리의 두터운 눈빛대화

더 고운 모양 더 짙은 향으로 꽃피울 것

지레 짐작하고도 한참 남았다.

월동준비

사방이 꽉 막힌 갑갑함에
주눅 들지 말고
여력모아 손톱 날을 세워
한 벽을 후벼 판 구멍으로 빛을 들이자

들어온 빛의 방향을 따라 자신을 내몰고
겨울 강가에 가서
눈 감고 피워내는 강 언저리의 수채화
귀 막고 그려내는 물고기 떼들의 유영하는 소리
실컷 품는 만큼 캄캄한 자신을 닦아내자

까만 바윗돌로 볼품없을지라도
속 그득그득 채운 충만 품에 안고
검은 그림자의 꼬릴랑은 싹둑싹둑 잘라내며
천천한 걸음으로 되돌아오자

작은 발광체 되어 어두운 공간을
넉넉하게 채운 빛과 향기
사랑 어르듯 달게 핥으며
긴 겨울을 넉넉하게 살자.

베풀고 싶음에

삶의 연륜은
투사한 빛의 두께와 정비례한다

발광체 되고 싶은 부단한 노력
뚜렷한 궤적으로 그리지 못할지라도
토기 저 안쪽 빗살무늬마냥
얼마나 많은 빗금을 그리고 있었던가

찬연한 빛 되비추고 있는 날
날 우러러 닮고 싶은 이 있다면
솔직히 풀어놓고 싶은 마음 속 감출지라도
고스란히 안겨주련만

빛을 해산한 어둠은 오늘도
그저
베풀고 사는 착한 아이 되기만을
빌고 있단다.

울

숱하게 그려지고 있는
우리라는 이름의 둥그런 원

면적 넓음이 자랑이고 포개짐이 자랑이더니
언제인지 모르게
획이 굵어져 턱이 높아지고
그 크기가 점점 작아져 갔다

기본 단위의 우리조차
깨버리고 싶어 하는 종족들이 번지는 세상
그 사이에 태어난 존재마저도
없어야 오히려 좋다는 생각이니

저를 빚은 원의 근본쯤
선 밖으로 밀어내는 일 별것일까

절대 그렇지 않으리라고 믿은
자신마저
원주 밖으로 밀려난 소외자로 느껴지는 순간
멍하니 뒤돌아보는 눈길

발동하는 오기

여력 온통 끌어 모아 챙기리라
우리라는 단어의 기본 핵인 짝을 위하여
내 심신 모두를 바치리라

짙게 가린 검은 구름을 헤치고
쨍그랑한 햇빛이 평상시보다 더 깊은 각도로
거실 깊숙이 파고들어
어두운 눈앞을 환히 밝혀주지 않는가

험한 세상
'우리라도' 우리로 살아가세.

응집

자장 안에 들어온
작은 쇳가루

한 방향을 향해 심신 옮김이
어찌 자력에만 의한 것이랴

만세 전
쇳가루가 될 때에
벌써 몸 깊숙이 자성을 띄고 있었던 것

이제 하나로
한 목표 굳건히 드러내는
강하고 담대한 쇠기둥으로

듬직한
철탑의 한 역을 담당하게 하소서.

궤적

빈 바늘 지나간 궤적은 싫습니다

시침실일지라도
지나간 흔적 남긴 행적이기를
바라고 있습니다

쏘다닌 마음의 바늘귀에 오색실을 꿰어
행적을 볼 수 있는 긴 선분이어도 좋겠지만
날줄과 씨줄로 엮인 고운 피륙이었으면
얼마나 좋을까요

한 마리 비단거미 되어
방적돌기가 쓰리도록
품은 속 후련히 쏟아낸 궤적

어느 한 자락에도
부끄러움 없는 밝은 마음의 흐름
발 멈추어 이룬 맑은 호수 위
몽땅 쓸어 담고 싶은 윤슬이 된다면

더 바랄 게 무엇이 있겠습니까.

다시 솥을 더듬고

천사백여 년 모악산 한 자락을 굳게 부여잡고
한자리 버티어 선 금산사金山寺
긴 긴 역사를 써야하는 사명도 받았는지
보고 듣고 겪은 모든 것을 놓치지 않고
큰 도량 여기저기 고이 품어 갈무리하고 있었다

불룩 부풀어 오른 후백제 견훤 임금의 아픔을
안쓰럽게 쓰다듬고 있었으며
잔잔히 되뇌는 보살들의 숱한 염원과
이 민족이 겪은 크고 작은 애환까지
어느 하나 놓침이 없었다

열다섯 어린 시절
미륵보살을 받치고 있는 솥 벽을 더듬었던
그날의 촉감 찾으러 온 한 무리에게
묵은 책갈피를 뒤져 또록또록 되읽어주며
그날 네 빌었던 소원 이루어졌느냐고
되묻고 있음에

뼈만 앙상히 남은 산사나무(아가위나무)
빨간 열매로 제 살아온 삶을 말하듯
일흔 해 겪은 족적을 뒤져

내세울 자랑 몇을 조심스레 공양하고
염치 좋게 얼마 남지 않은 여생을 의탁했다

한 잎 은행잎마냥 우리 모두 가고 없어도
엮은 발자취는 먼 먼 훗날까지
고스란히 남아있으리라는 믿음으로
'나무는 꽃을 버려야 열매를 맺고
물은 강을 버려야 바다에 이른다.'는
화엄경 말씀을 떠올리며

바쁠 것도 없는 발걸음을 재촉했다.

꿈의 궁전

붙잡힐 것만 같았던 꿈의 결정結晶
서서히 머리 푼 연기로 하늘 오르고
거기 그 자리 한 점의 소실점만
붙잡을 수 없는 흔적으로 남았지만

희끗희끗 되짚는 눈길
찾아오던 길 곱고 아름다웠다는 공감으로
새로이 마음의 보금자리를 빚었음에
무언의 기쁨을 공유한 우리

집달팽이만 능사인 것 아니지
홀랑 짐 벗어던진 민달팽이어도
물렁물렁한 무기로
한 세상 살만한 것

우리 이제
품은 정 소록소록 피워내는 궁전을 지어
선현들을 모시고
대대손손 이어질 자손들을 받아들이자

우리는 벌써
모두가 선망의 대상으로 바라볼

그런 꿈의 궁전 한 채
바람대로 지어낸 것이니.

되새겨보는 영주瀛州

내노라
내보이는 담대함도 아니면서
사명만은 질게 물고 들어섰나니

북에서 남으로 동에서 서로
굳센 뼈대 세워 형세 갖추어나갈 때
평평한 지심의
소리 없는 울먹임으로 옹위한
빛과 소리의 응결

때로는 외로움이라서
스크린 도어 밖을 바라보는
섬뜩한 응시일 때도 있지만
속 깊이 쌓아온 내공
어찌 좌절할 수 있으리라고

멈춘 듯 한자리 붙박고 있어도
평지 속의 높음에
질시 피할 수 없을지라도

저 멀리 방장方丈과 봉래蓬萊의 후원이듯
동행하는 이

이렇게 하나 둘 늘어나고 있으니
무엇을 더 바라랴.

거울

거울이고 싶다

가진 것 없어도
늘 넉넉한 거울이고 싶다

들어선 어느 것 하나
제 몫 냄 없이
담긴 그대로를 고스란히 챙겨서
되돌려주는 거울

홀로 다가온 수많은 너
속 홀랑 뒤집어 통째 보여주어도
제 모습 누구에게도 뒤지지 않는다고 으스대도
언제나 비밀 지킨 채 너그러이 수용하는 모성

길 비켜주기를 바라는 응급차의 이마에
ƎƆИA⅃ᙠMA 라고 거꾸로 써
앞 차의 백미러에 옳게 보이기 이전까지
좌와 우의 뒤바뀐 대칭

언제나
바른 모습 되찾아주는 상징으로

기쁜 얼굴 표정 지어주는 격려로
이리 살아왔나니

빛과 소금의 뒷자리쯤에 놓이는
귀한 몸 아니랴.

갈기

동심원 안을 그득 채우려는데
번번이 허사다
종일토록 원의 지경을
넓혔다 좁혔다 안달해보지만
아무것도 이루어지지 않는 제자리걸음

동류는
타의에 의해서만 하나일 뿐
안에서는 언제나 날 선 등진 삶
빈들에 서서
고독을 씹는 부단한 질주
제 풀에 지치는 순간을 기다리며

보이지 않는
견줌의 날선 칼날 저만큼 밀쳐내고
모서리 곱게 닳아진
몽돌의 보드라운 곡선을 눈 그리고 있다.

생멸전변生滅轉變

덕유산 숲속 길 찾아들어
칠연폭포 물소리에 귀 종그리는
한여름 저녁나절

그리운 사람들 뇌리에 스치는데
엊그제 그 모습 시든 자리에
새로이 떠오르는 얼굴

짧은 삶 한 세상도 이렀거늘
수 천 수 만 년 자리 지킨 산천이야
얼마나 많은 사연
품고 놓았으랴

가겠다는 사람 놓고
오고 싶다는 사람 반기는
속 깊은 셈법으로

울어 젖히는 풀벌레 소리
한 꿰미에 꿰며
자신의 허탈을 다독이고 있었다.

타의와 자의

수족관의 고기를 고른다
이왕이면
갓 잡혀온 싱싱한 놈을 찾고 싶어서

이리저리 서두르고 다니는 놈에게
눈살을 꽂았더니
아니란다
가만히 있는 놈 중에 있단다

서두르다 지쳐 체념한 놈이 아니라
바뀐 환경에 겁먹어서
바짝 움츠리고 있는 놈이란다

지느러미까지도 함부로 놀리지 않는
점잖음을 견지함이
미지의 호기에 발 들여 허물 입기 전
그 때의 순수한 모양과 같음인 것

꼭 닮았으니
자신 아니고서야
누가 쉽게 가려낼 수 있을까

찾아낼 수 없기를 바라는 타의他意와
알아주기를 바라는 자의自意
저 시간 흐름의 혼재.

지존至尊

평평한 땅을 둥그렇게 말아 쥔
코페르니쿠스
누구도 따를 수 없는
위대한 시인이었을 게다

높은 하늘로 비상하는 날
지동설은 귀 닳은 책상서랍에 담기고
끝없이 평평한 땅의 끝자락을 돌며
만물의 시원인 바다를 만날 것이다

언뜻언뜻 개짐의 얼룩으로 내보이던 달거리
속으로 품어 만삭이 됨을 되풀이하는 달
바다의 머리끄덩이를 잡아당겨
썰물이 되고 밀물이 된다는 등 뒤의 말

건반 위에 달빛 들어앉힌
베토벤이 믿었다면 막힌 귀가 번쩍 틔어
저 푸른 바다를
월광곡을 훌쩍 넘은 일광곡으로 빚었을 것이다

바다를 사랑한다는 일념으로
수평선 저 건너를 부단히 넘나든들

한 번도 우리들의 꿈을 받아 적은 적 없는 바다
파고 사이 반짝반짝 내보이는 별빛이
그 대답일 것이다

온 세상 더러움도 고움도
가림 없이 통째 받아 안기에
제 스스로 바다라 명명한 바다
우리는 더 짙은 각도로 수긍할 수밖에 없다

누구도 없애지 못한 침전물의 거드름일랑
눈 감은 채 배밀이하는 심해어
지심에 묻어 마그마의 불쏘시개 삼음으로
그저 깨끗함만을 견지하는 맑고 큰 그릇

평등하게 만들고 싶은 부단한 출렁임
세월을 헤는 역사의 산실
온갖 새 생명을 출산하는 자궁
모든 머무름을 허용하는 다다름의 실존

우리들의 진한 기도가 층층이 쌓인
더욱 짙고 푸른 위대한 바다
어느 것도
그에 이를 수 없는 지존인 것이다.

덧붙이는 글

그 동안 이십여 권의 시집을 출간하여 문단 선후배, 지인, 친구, 제자 등 많은 분들에게 보내드렸더니 읽은 뒤에 편지로, 그림엽서로, 메일로, 전화문자로, 카카오로, 전화로 축하해주고 격려해주셨음에 감사를 올립니다.

제가 이렇게 열심히 시작詩作을 이어갈 수 있는 든든한 언덕이 되었다고 믿고 있습니다.

오늘은, 지난 번 18집 『꿈의 씨눈』과 19집 『천성을 향해 가는 길』을 받아보시고 뜨거운 격려를 보내주신 분 중 왕태삼 전북문인협회사무국장님의 편지글과 제가 김남곤 시인님의 강연 자료를 받아보고 느낀 소감을 적어 보내드린 글을 소개합니다.

더 큰 격려를 받고 싶은 소이로 받아주시기 바랍니다.

왕태삼 사무국장의 글

영주 시인님께!

보내주신 두 권의 시집 『꿈의 씨눈』 100편 『천성을 향해 가는 길』 100편을 감사와 사랑하는 마음으로 받았습니다.

"새벽에 주시는 소리"가 시인님의 마음을 거쳐 세상에 복음이 되었습니다.

시집 상재를 두 겹으로 축하드립니다.

절대자를 향한 구도자의 내면이 맑은 영혼의 호수처럼,

큰 바다처럼 밀려와 제가 마치 전주새중앙교회 안에서 성령의 옷을 입고 있는 듯합니다.

전주새중앙교회 분들은 참으로 행복하시겠어요.

'믿음의 둥근 뿌리', '흔들리지 않는 실한 구근'이 자라고 있으니까요.

〈예수님의 증인〉에서 신호범 장로님의 간증을 들었습니다.

6연의 "자식 위해 돈에 팔려갔음을 뒤늦게 알고 원한을 오히려 제 죄로 삼아 앙금을 씻어냈으며" 말씀에서 잠시 눈길을 멈추었습니다.

무의식적 기억을 회상하며 진실에 도달하며 결국에는 구원의 길을 가게 되는 인간의 의미와 가치를 배우게 되었습니다.

〈탐욕을 버리고 자족하라〉

"언제나 수평을 이루는 물처럼/ 함께 어울려 살아가는 삶 온 몸과 온 마음으로 솔선하라/ 작디작게 보이나 영생의 길에 들어섬이니"

영주 시인님께서 걸어가고 계시는 따스함과 존엄함의 모습이라 생각합니다.

『꿈의 씨눈』을 보며 고개를 수없이 끄덕여 방아깨비가 되었습니다.

행간에 숨은 의미를 찾는 재미가 어찌나 쏠쏠하던지요.

〈회오의 잉태〉, 〈그 눈빛에 나를 담고〉를 보며 시인님의 낭만적 인간적 풍모를 보며 웃었지요.

단시선집에 애착이 저는 많이 갑니다.

시어 한 자라도 빼어버리면 우르르 무너져버릴 것 같은 시적 긴장감이 아주 팽팽하여 심장이 벌떡벌떡 뛸 지경입니다.

그러나 다행히 독자의 흥분된 마음에 진정제 한 알을 먹여 준 손녀가 있어서 다행이었습니다. 무릎걸음으로 다가온 손녀의 말 "하룻밤만 더 자고 가지"가 있는 까닭입니다.

시집을 덮어도 할아버지 품에 다가와 속삭이는 그 손녀가 참 보고 싶습니다.

영주 시인님!

세상에 나서 인연을 맺고 귀한 시집까지 주시어 감사드립니다.

내내 옥체 강건하시고 가족의 행복을 기원합니다.

― 왕태삼 올림

김남곤 시인님께 보낸 글

먹방 밝히는 등불로 살아갈 수 있다면

― 2016. 11. 11 문학 순회강연 '시인과의 만남' 자료집 중 김남곤님의 강의 글 제목을 받아보고

○ 11월 11일. 어렵게 받은 만남의 날이었습니다. 6년(중 · 고), 9년(초 · 중), 12년(초 · 중 · 고)을 동문수학한 친구 3명을―중학교 3년이라는 공통인수로 정 두터이 살아오는―이사한 집으로 초대하고, 동상면 주변의 단풍구경을 하기로 약속한 날이었습니다.

○ 그날이, 내가 꼭 듣고 싶은 강의가 있는 날과 겹칠 줄은 꿈에도 몰랐습니다.

많이 아쉬웠지만, 미리 양해를 구함으로 자위하며, 교재를 읽으면 그 아쉬움 채워지겠지……. 하였지요.

○ 친구들을 전송하고 나서 곧바로 가까운 지인들에게 전화하여, 강의에 대한 평을 모았습니다.

○ 쉬 들어보기 어려운 살아있는 내용의 강의였다.

○ 과연 박학다식한 김남곤 회장이었다.

○ 식상한 다른 강의를 압도한 내용으로 우리에게 크게 도움이 되었다.

○ 교재도 교재지만 거기에 곁들인 폭 넓은 예화는 더 좋았다. 등등

꼭 강의를 듣지 못한 제 마음을 에는 말만 골라 하는 듯했고, 더욱이 마지막 '교재도 교재지만 거기에 곁들인 폭 넓은 예화는 더 좋았다.'는 말은 저의 작은 자위의 방편마저 송두리째 앗아가는 말이었습니다.

2016년 11월 25일 전북문학관에 들러 그날의 강의 자료를 받아가지고, 11월 26일 새벽 5시부터 6시까지 꼬박 1시간 동안, 김남곤 회장님의 강의 자료에 Under line해가며 읽었습니다.

○ 40여년의 기자 생활을 해오는 동안 "기자는 시인이다"라는 경구를 놓치지 않고 '시인 기자'로 늘 깨어 있고자 애쓴 삶을 살아오신 분.

○ 문인들 대부분이 저는 누구의 문하생이라는 것을 내세우는 세상에, 자연을 스승 삼고 가까이 자신을 길러주신 은사님과 친구를 스승으로 삼은 시인으로서의 출발이 어쩌면 이리도 저와 비슷할까.

○ 〈죽비가 걸려 있는 풍경〉, 〈하모니카〉 최근에 쓴 시 두 편을 먼저 소개함으로 전개해 나가고자 하는 출발점을

현재로 잡음으로써 청중으로 하여금 같은 시점에서 앞과 뒤를 함께 살펴나가게 한 점. 그리고 그 시에 담긴 자신의 시심과 사물을 관조하는 현재의 안목을 밝힌 점.

○ 평소 남다른 예리한 안목을 가지신 건 잘 알지만, 〈죽비〉하나를 그냥 넘겨보지 않음과 〈하모니카〉를 통한 내재적이고 내향적인 성품을 밝힌 점.

○ 1980년대 쓴 〈작업〉 〈제초제〉와 최근에 쓴 시를 견줌으로 세월이 가져다 준 관조의 변화를 자연스레 설명한 점.

○ '자비' 흔히 사용하는 어휘 속에 담긴 깊은 의미 '자비는 실천'이라는 말에 공감을 일으킬 수 있도록 자세히 설명한 점.

○ 첫 시집 〈헛짚어 살다가〉의 서문을 읽고, 저는 부끄러워 얼굴이 벌게졌습니다. 제 첫 시집 〈사랑이 강물되어〉의 서문과 너무도 차이가 많다는 걸 느꼈기 때문입니다. 등단작 '늦가을'도 저를 놀라게 했지만…….

○ 〈사람은 사람이다〉 시선집을 통해서 시를, 시를 쓰는 자세를 정립함은 물론 어떠한 자세로 지금껏 살아왔는가를 보여주심은 많은 후진들에게, 특히 어두운 이 시대를 살아가는 현대인들에게 귀감이 되는 경구요 처방이라고 생각했습니다.

○ 도연명의 "不能爲 五斗米 折腰"의 예화처럼 바르게 살아오신 삶은 바로 '사회의 목탁'의 역할을 다하심을 보이는 자세였습니다. 그러면서도 늘 깨어있는 '시인 기자'의 소임을 다 하셨으니

김남곤님은 '폐석'이 아니라 잘 다듬어진 '보석'임을 모든 이들이 다 알았을 것입니다.

정말 감사합니다.

생각할수록 그날의 강의를 듣지 못함이 아쉽지만, 어쩌면 더 가까이 모시고, 더 좋은 말씀 듣고 배우며 살아가라는 〈명령〉을 주신 것이라고 믿으렵니다.

안녕히 계십시오.

2016월 11월 26일 새벽에

후배 김 계 식 올림

김계식 시집 21

하얀 독백

인쇄 2017년 05월 08일
발행 2017년 05월 12일

지은이 김계식
발행인 서정환
펴낸곳 신아출판사
주소 전북 전주시 완산구 공북 1길 16(태평동 251-30)
전화 (063) 275-4000 · 0484 · 6374
팩스 (063) 274-3131
이메일 shina2347@naver.com sina321@hanmail.net
출판등록 제465-1984-000004호
인쇄 · 제본 신아출판사

ISBN 979-11-5605-430-6 03810
값 10,000원

이 도서의 국립중앙도서관 출판시도서목록(CIP)은 서지정보유통지원시스템 홈페이지(http://seoji.nl.go.kr)와 국가자료공동목록시스템(http://www.nl.go.kr/kolisnet)에서 이용하실 수 있습니다.(CIP제어번호: CIP2017011044)

Printed in KOREA